JN409040

이 시대에 스스로를 위대한 시인으로 칭하는 자가 나타났으니…,

그는 단 한편의 작품일지언정 널리 알리기 위해서라면 굳이 황금으로 탑 쌓기조차 마다하지 않았다.

달항아리에 새겨진
은유시인 김영찬
수선화

경상북도 최고장인最高匠人 야천倻川 문한조文漢祚 선생의 도예작품 달항아리에 내 허접한 시詩 따위를 새겨넣는 것이 소원이었는데, 마침내 그 소원이 이루어졌다. 항아리 만들 돈보따리를 내려주신 하늘님께 깊은 감사 드리고, 그밖에 도움 주신 많은 분들께 고개 숙인다.

42점의 시와 시조를 선별하여 沙浦 박 권 선생께 손글씨캘리그라피를 부탁, 달항아리에 전사인쇄로 새겨넣고 항아리를 제작하였는데 그 비용이 장난 아니다. 달항아리 한 점에 제작 원가만 50만원이 넘게 들었으니 42점의 작품 제작에 2천만원이 소요된 셈이다. 해서 혹자는 집도절도 없는 내 형편을 가리켜 '정신 나간 놈' 취급한다.

월간「釜山文學」이 2019년 2월 11일부터 17일까지 1주일간 부산광역시청 제1전시실에서「부산문학釜山文學 시화도예전詩畵陶藝展」을 개최하였는데, 1주일이나 지속되는 전시일정과 2백평 가까이 되는 전시공간을 채울 마땅한 전시작품이 준비되지 않아 내 시詩가 새겨진 달항아리로 너른 공간을 채울 겸 전시회를 불과 보름 앞두고 부랴부랴 제작에 들어갔다. 바빠서 똥오줌도 못 가릴 정도로 속전속결, 일사천리로 작업이 이루어졌다. 서두르면 탈나기 마련인데, 결과물은 의외로 잘 나온 터라 기쁨이 배가 되었다.

전시장에 진열해놓고 보니, 어렵쇼?

달항아리가 '둥둥둥… 두리둥실……' 너무 이쁜 까닭일까?

덩달아 내 시詩도 두보杜甫나 이태백李太白의 시詩 못잖게 돋보이는구나!

”

은유시인 김영찬 선생의 작품이 새겨진 달항아리 작품 1점당 123만원씩에 판매합니다.
구매의향이 있는 분께서는 돈을 들고 직접 찾아오셔서 남아있는 작품 중에 맘에 드는 작품을 골라가시면 됩니다.

차례

낡두리 별 영양가 없는…

한동안은 내가 내 입으로 "내가 이래뵈도 명색이 글을 쓰는 작가요."라고 나를 내세우기엔 좀 쑥스러워 했다. 왜냐하면 대학 못 나온 사람보다 대학 나온 사람들이 오히려 더 넘쳐나는 엄중한 시기에 나란 인간은 대학 못 나온 '가방끈 짧은 촌놈'이겠기에 하는 소리다.
내가 뭘 아무리 잘 한다 한들 내가 가방끈 짧다는 것을 아는 사람들은 내 앞에서만 내게 엄지척을 해줄 뿐이지 내 등 뒤에선 "저 놈, 글쎄 제법 할 줄은 알아도 '그저 어깨너머로 배운 것돌팔이'에 불과한 것이려니……"으로 치부하더란 얘기다.
그렇다. 나는 제대로 배우지 못한 무식한 사람이지만, 하늘로부터 아주 특별(?)한 두 가지 재능을 부여받았다. '으쓱~!'

한 가지는 비록 부산이란 촌구석일지라도, 1980년대 초반부터 1990년대 중반까지 10여년간 나는 30대 약관弱冠의 나이임에도 불구하고 인쇄출판 및 편집·디자인 분야에선 단연 독보적인 존재요, 돈 많이 버는 것으로 따져도 또한 제1인자의 지위를 확고히 차지했었다.
당시 한강 이남의 웬만한 대기업들은 내게 까다로운 카다록이나 브랜드 디자인관련 일을 의뢰해왔으며, 한번 내 손맛을 맛본 기업체 담당자들은 내게 꼼짝 못하고 내가 달라는 대로 군소리없이 금액을 지불해야 할 지경이었다.
내가 편집·디자인을 남의 밑에 보조로 일해가며 사사받은 것도 아니요, 학원이나 학교에서 배운 바도 없었다. 그저 저 하늘에 계신 그 누군가께서 내게 특별히 하사한 재능이었다.

또 한 가지는 글쓰는 재주로서 시, 수필, 소설, 동화, 칼럼 등등 글이라 여겨지는 것들은 모두 다 섭렵涉獵했다.
소설 장르만 놓고도 로맨스, 추리, 범죄, 역사, SF공상과학, 판타지 등등 장르를 가리지 않고 수천 편 이상 써왔으니, 아마 전 세계 작가 중 나보다 더 다양한 장르에서 더 많은 작품을 쓴 사람도 없을 것이라 여겨진다.
조실부모한 내가 생뚱맞게도 대구 위쪽의 왜관이란 작은 시골 마을에서 농업계 중고등학교 다닐 때, 특히 국어공부를 아주 열심히 했다거나 남의 책을 열심히 들여다본 것도 아니요, 학원이나 학교에서 글쓰기를 별도로 배운 바도 없었다.
그럼에도 불구하고 수월수월하게 글을 써내려갈 수 있는 아주 특별한 재능을 내게 부여해준 저 하늘 높은 곳에서 내려다보고 계실 하늘님께 늘 감사한 마음을 바치며, 죽는 순간까지 모든 인류의 영혼을 일깨우는 글(?)을 부단히 써나가리라 작심했다.
참으로 희한하게도 하늘님께서는 내가 뭘 하고자 목표를 세우고 혼신의 노력을 다 기울였을 경우, 내가 필요로 하는 딱 그만큼만의 돈을 어김없이 내려보내 주시곤 했다. 그래서 나는 '하늘은 스스로 돕는 자를 돕는다Heaven helps those who help themselves.'란 명언을 굳건히 신봉하게 되었더라는 얘기다.

2021년 05월
세상이 어찌 돌아가는지 전혀 아랑곳하지 않고 제멋대로 사는 원시인
은유시인 **김 영 찬**

[詩]

고드름

그것은 속살을 비집고 헤쳐나온 한恨의 응축액
방울져 떨어지는 체념의 눈물

위를 향해 솟구치는 피맺힌 절규
아래를 향해 겨누는 증오의 칼날

오늘도 아이들 시린 손 비벼가며
분노의 칼날 휘어잡는다.

2005/01/07/16:12

고드름

김영천

그것은 속살을 비집고 헤쳐나온 한의 응축액
방울져 떨어지는 체념의 눈물

위를 향해 솟구치는 피맺힌 절규
아래를 향해 겨누는 증오의 칼날

오늘도 아이들 시린손 비벼가며
분노의 칼날 휘어 잡는다

沙浦

[詩]

고양이猫

거리에서 태어나 거리에서 명멸明滅하는
고양이 삶은 마냥 짧고도 허무하기만 한데
검은 털에 각인된 하얀 솜털가슴이 유난히 눈부시네
애처로운 울음소리 심금心琴을 긋고
그 심연深淵을 알 수 없는 깊은 초록빛 눈동자 속에
고고함이 눌러붙은 경계의 눈빛 번득인다
벽장 속에 갇혀버린 또 하나의 짝을 찾아
열린 길 따라 발톱 감추고 사뿐히 걸어가고 있네

날렵한 몸매 납작하니 엎드려 깃털 곧추세우고
외로움 빨아들인 날름거리는 그 혓바닥으로
세상 향한 혼자만의 독백獨白을 읊조리네
길바닥에 납작하니 눌린 고양이 사체
회색빛 빌딩숲에 영역 표시하던 반야半野의 방랑자
오가는 차량의 검고 그악한 발길질 거듭 채여가며
더 좋은 세상으로 다가가는 고행苦行인양
묵묵히 제 몸을 허물어 바람에 날리고 있네.

2010/01/10/23:05

고양이

김영찬

거리에서 태어나 거리에서 명멸하는
고양이 삶은 너무 짧고도 허무하기만 한데
검은털에 각인된 하얀 솜털가슴이 유난히 눈부시네
애처로운 울음소리 심금을 긋고
그 심연을 알 수없는 깊은 초록빛 눈동자 속에
고고함이 눌러붙은 경계의 눈빛 번득인다
벽장속에 갇혀버린 또 하나의 짝을 찾아
열린길 따라 발톱 감추고 사뿐히 걸어가고 있네

날렵한 몸매 납작하니 엎드려 깃털 곧추 세우고
외로움 빨아드린 날름거리는 그 혓바닥으로
세상 향한 혼자말의 독백을 읊조리네
길바닥에 납작하니 눌린 고양이 사체
회색빛 빌딩숲에 영역표시하던 반야의 방랑자
오가는 차량의 검고 그악한 발길질 거듭 채여가며
더좋은 세상으로 떠나가는 고행 인양
묵묵히 제몸을 허물어 바람에 날리고 있네.

단浦

[詩]

꽃보다 더 아름다운 것이 사랑이거늘

나는 오늘 늦가을에 핀 이름 모를 하얀 꽃을 한 아름 꺾어든다
한낮 찬비를 맞으며 부유浮遊하는 영혼의 넋이 담긴
진하게 배어나오는 향기를 맡으며 오롯이 그대 생각에 잠기노라
꽃보다 더 아름다운 것이 사랑이거늘
나는 오늘 사랑을 잃어버린 서러움에 겨워 목메어 우노라

나는 오늘 그대를 애틋하게 그리며 이름 모를 하얀 꽃에 입맞춤을 한다
내리는 빗줄기 속에 색색의 낙엽은 젖어들고 계절은 깊어가는데
모두들 떠난 텅 빈 자리를 맴돌며 마음은 이미 그대 향해 달려가노라
꽃보다 더 아름다운 것이 사랑이거늘
나는 오늘 빈 사랑만큼이나 외로움에 겨워 그대만 애타게 부르노라.

2009/11/18/10:21

꽃보다 더 아름다운 것이 사랑이거늘

김영찬

나는 오늘 늦가을에 핀 이름모를 하얀꽃을 한 아름
꺾어 든다 한낮 찬비를 맞으며 부유하는 영혼의
넋이 담긴 진하게 배어나오는 향기를 맡으며
오롯이 그대생각에 잠기노라 꽃보다 더 아름다운
것이 사랑이거늘 나는 오늘 사랑을 잃어버린 서러움에
겨워 목메어 우노라

나는 오늘 그대를 애틋하게 그리며 이름모를 하얀꽃에
입맞춤을 한다 내리는 빗줄기속에 색색의 낙엽은
젖어들고 계절은 깊어가는데 모두들 떠난 텅빈 자리를
맴돌며 마음은 이미 그대 향해 달려가노라
꽃보다 더 아름다운것이 사랑이거늘 나는 오늘 빈
사랑만큼이나 외로움에 겨워 그대만 애타게 부르노라.

沙浦

[詩]

단풍丹楓

지난여름 내내 그 혹독한 땡볕에
그 자신을 얼마나 달궜으면
그 푸르름이 천도薦度하지 못하고
스스로의 분신焚身을 꿈꾸었으랴

드넓게 펼쳐진 망망 산하山河
깊은 골짜기마다 음습한 계곡마다
지글지글 끓는 태양의 코로나
시뻘겋게 타들어간 안토시안
마지막 정염情炎 다투어 불사르려는
수목樹木의 열정은
서로 간에 태우고 또 태워도
그저 적멸寂滅엔 이르지 못하네

지금 삼천리는 온통
울긋불긋
비애悲哀의 불바다를 사른다.

2009/09/28/01:47

단풍

김영찬

지난여름내내 그 혹독한 땡볕에
그자신을 얼마나 달궜으면
그 푸르름이 천도 하지 못하고
스스로의 분신을 굽꾸었으랴

드넓게 펼쳐진 망망 산하
깊은 골짜기마다 음습한 계곡마다
지글지글 끓는 태양의 코로나
시뻘겋게 타들어갈 안간시엔
마지막 정열 가득히 불사르려는
수목의 열정은
서로간에 채우고 또 채워도
그저 적멸엔 이르지 못하네

지금 삼천리는 온통
울긋불긋
비애의 불바다를 사른다

沙浦

[詩]

달맞이꽃

달님을 짝사랑하였던가
별님을 짝사랑하였던가
차마 사랑한다 말 못하고 속으로만 애를 끓다가
방울방울 눈물방울 이슬로 맺히다
서러움에 겨워 빛 졸이는 꽃이 되었네

한 걸음 다가서면 두 걸음 멀어지고
한 달음 달려가면 두 달음 도망가고
혼자 얼마나 애를 태웠으면 저다지도 애처로울까
저 홀로 떠도는 가슴 저미는 외로움
외로움에 떨며 빛바라기 꽃이 되었네

행여 눈길을 보내주실까
행여 손길을 내밀어주실까
어둠이 깊어가면 샛노란 꽃잎접시처럼 펼쳐
님의 눈길 님의 손길 하염없이 기다리다
기다림에 지쳐 빛 밝히는 꽃이 되었네.

2009/12/06/03:99

달맞이꽃

김영찬

달님을 짝사랑 하였던가
별님을 짝사랑 하였던가
차마 사랑한다 말 못하고 속으로만 애를 끓다가
방울 방울 눈물방울 이슬로 맺히다
서러움에 겨워 빛 졸이는 꽃이 되었네

한걸음 다가서면 두걸음 멀어지고
한 달음 달려가면 두 달음 도망가고
혼자 얼마나 애를 태웠으면 저다지도 애처로울까
저 홀로 떠도는 가슴저미는 외로움
외로움에 떨며 빛바라기 꽃이 되었네

행여 눈길을 보내주실까
행여 손길을 내밀어 주실까
어둠이 깊어가면 샛노란 꽃잎 접시처럼 펼쳐
님의 눈길 님의 손길 하염없이 기다리다
기다림에 지쳐 빛 밝히는 꽃이 되었네

[詩]

마지막 잎새

창 너머
담벼락에 붙어있는
마지막 잎새

살을 도려내는 강풍도
송곳 같은 찬 서리도
너를 비껴간 듯
너는 여전히 표표飄飄하구나

지난날의 꿈도
가슴 저려오던 사랑도
사무치는 회한悔恨도
말라붙은 눈물의 흔적처럼
한낱 부질없음에
너는 여전히 유유悠悠하구나.

2001/12/17

마지막 잎새

김영철

창 너머
담벼락에 붙어있는
마지막 잎새

살을 도려내는 강풍도
송곳같은 찬 서리도
너를 비껴간 듯
너는 여전히 표표하구나

지난날의 꿈도
가슴 저려오던 사랑도
사무치는 회한도
말라붙은 눈물의 흔적처럼
한낱 부질없음에
너는 여전히 유유하구나

[詩]

몰운산沒雲山 비경祕境

미명未明의 짙은 운무雲霧
꿈결처럼 몽롱한 다대 몰운산沒雲山
물기 한껏 머금은 해송군락 솔향 내뿜는 숲길 따라
무작정 걷노라면 숲이 깊기로 심산유곡이다
깎아지른 단애, 곳곳의 기암괴석과 층암절벽
어둠의 계조階調에 점점이 박힌 장자도 남형제도 북형제도 목도
크고 작은 섬 너머 광활한 수평선에 걸린
아, 빼앗긴 땅 이역異域 대마도大馬島가 코앞이다

붉은 태양 토혈吐血하며 솟구쳐오르고
파랑波浪의 파편들 비늘처럼 살아 팔딱거리면
줄줄이 늘어선 해송숲 다대만 드넓은 황금모래밭과
어우러져 절로 황홀하다
어언간 몰운산 신비경에 묻혀 신선이라도 될라치면
잊혔던 임란영웅 녹도만호 정운鄭運 공의 기개氣槪와
다대포진첨사 윤흥신尹興信 공의 충절忠節이
짙은 솔향과 함께 시나브로 내 안에 스며든다.

2009/08/29/10:25

몰운산 비경

김영찬

미명의 짙은 운무
꿈결처럼 몽롱한 다대 몰운산
물기 한껏 머금은 해송으로 솔향 내뿜는 숲길 따라
무작정 걷노라면 숲이 끝기로 심산유곡이다
깎아지를 단애, 곳곳의 기암괴석 층암절벽
어둠의 계조에 점점이 박힌 장자도 남형제도 북형제도 목도
크고 작은섬 너머 광활한 수평선에 걸린
아, 빼앗긴 땅 이역 대마도가 코앞이다

붉은 태양 토혈하며 솟구쳐 오르고
파랑의 파편들 비늘처럼 살아 팔딱거리면
줄줄이 늘어선 해송숲 다대만 드넓은 황금모래빛과
어우러져 절로 황홀하다
어언간 몰운산 신비경에 묻혀 신선이라도 될라치면
잊혔던 임란 영웅 녹도만호 정운공의 기개와 다대포진
첨사 윤흥신 공의 충절이 짙은 솔향과 함께 시나브로
내 안에 스며든다.

沙浦

[詩]

미소의 뜰

거기엔
자그마한 둥근 연못이 있고
둘레엔 앙증맞은 흰빛 의자들이 가지런하고
잘 다듬어놓은 금빛정원엔
이름 모를 꽃들이 흐드러지고
그 꽃 주위엔 수많은 벌과 나비들이 화려한 군무를 추고
햇살이 유난히 따사로운 양지엔
비눗방울 터뜨리듯 자지러진 미소가 피어오른다

그곳엔 무슨 좋은 일들이 그리 많을까?
세상이 눈부시다는 것을 알고 있음일까?

공기가 서늘하다
하늘이 청명하다
삼라만상이 웃고 있다
정겨운 얼굴들이 해맑아 보인다

사랑이 있기에
행복이 있기에
미소가 쉼 없이 솟구치나 보다.
그 작은 뜰에서도…….

2003/10/17/14:51

미소의 뜰

김영찬

거기엔
자그마한 둥근연못이 있고
둘레엔 앙증맞은 흰빛의자들이 가지런하고
잘 다듬어 놓은 금빛정원엔
이름 모를 꽃들이 흐드러지고
그 꽃 주위엔 수많은 벌과 나비들이 화려한 군무를 추고
햇살이 유난히 따사로운 양지엔
비눗방울 터뜨리듯 자지러진 미소가 피어 오른다

그곳엔 무슨 좋은 일들이 그리 많을까?
세상이 눈부시다는 것을 알고 있음일까?

공기가 서늘하다
하늘이 청명하다
삼라만상이 웃고있다
정겨운 얼굴들이 해맑아 보인다

사랑이 있기에
행복이 있기에
미소가 쉼 없이 솟구치나 보다
그 작은 뜰에서도……

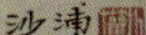

[詩]

변명辨明

그래, 이건 아니야
싸늘히 식어버린 얼음장 같은 그대여
식을 땐 식더라도 내 이 한마디만은 꼭 들어주오
절대로 그대가 내 곁을 떠나게 할 수는 없어
나 그대 사랑하기를
내 영혼마저 바쳐 사랑하여 왔었노라는……

그래, 이건 아니야
한 발짝 다가서면 두 발짝 멀어지는 그대여
멀어지더라도 내 이 한마디만은 꼭 들어주오
허공 향해 치켜뜬 공허한 그대 눈동자
싸늘히 웃음기 걷은 그대 입술
그대, 내 영혼 바쳐 사랑하고 있노라는…….

2004/11/18/04:40

변명

김영찬

그래. 이건 아니야
싸늘히 식어버린 얼음장 같은 그대여
식을땐 식더라도 내 이 한마디 말은 꼭 들어주오
절대로 그대가 내 곁을 떠나게 할 수는 없어
나 그대 사랑하기를
내 영혼마저 바쳐 사랑하여 왔었노라는…

그래. 이건 아니야
한발짝 다가서면 두발짝 멀어지는 그대여
멀어지더라도 내 이 한마디 말은 꼭 들어주오
허공 할퀴 치켜뜬 공허한 그대 눈동자
싸늘히 웃음기 걷은 그대 입술
그대, 내 영혼 바쳐 사랑하고 있노라는…

[詩]

빈 자리

없는 줄 뻔히 알면서도
님의 모습이 보이지나 않을까
자꾸만 눈길이 닿습니다

없는 줄 뻔히 알면서도
님의 음성이 들리지나 않을까
자꾸만 귀를 기울이게 됩니다

없는 줄 뻔히 알면서도
님의 체취가 남아있지나 않을까
자꾸만 손길이 닿습니다

없는 줄 뻔히 알면서도
님이 안타까이 찾지나 않을까
자꾸만 마음이 쏠립니다

아,
님이시여!
한번만이라도 빈 자리를 채워주소서.

2004/10/29/04:30

빈 자리

김영천

없는 줄 뻔히 알면서도
님의 모습이 보이지나 않을까
자꾸만 눈길이 갑니다

없는 줄 뻔히 알면서도
님의 음성이 들리지나 않을까
자꾸만 귀를 기울이게 됩니다

없는 줄 뻔히 알면서도
님의 체취가 남아 있지 않을까
자꾸만 손길이 갑니다

없는 줄 뻔히 알면서도
님이 안타까이 찾지나 않을까
자꾸만 마음이 졸입니다

아,
님이시여!
한번만 이라도 빈자리를 채워주소서.

[詩]

수선화 水仙花

물속에 투영된 자신의 그림자가 너무 아름다워
자신을 끔찍이 사랑했었던 나르시소스
기어이 꽃망울 터뜨리지도 못하고 산화해버린
그 슬픈 전설만큼이나 처절한 아름다움이여

눈부시게 빛나는 백색 화관
황금빛 찬란한 초롱 지녔어도
수줍은 모습, 처녀를 닮았구나

진실은 저 멀리 떠도는 구름과 같고
정의는 머잖아 사라질 허황한 무지개 같은 것
세상에 오로지 변치 않을 것이 있다면, 애틋한 사랑이리라
그대 가슴 저리게 하는 처절한 사랑이리라.

2003/08/04/00:56

수선화

김영찬

물속에 투영된 자신의 그림자가 너무 아름다워
자신을 끔찍이 사랑했었던 나르시소스
기어이 꽃망울 터뜨리지도 못하고 산화해버린
그 슬픈 전설 만큼이나 처절한 아름다움 이여

눈부시게 빛나는 백색 화관
황금빛 찬란한 호롱 지녔어도
수줍은 모습 처녀를 닮았구나

진실은 저멀리 떠도는 구름과 같고
정의는 붙잡아 사라질 허황한 무지개 같은것
세상에 오로지 변치 않을 것이 있다면
애틋한 사랑이리라
그대 가슴 저리게 하는 처절한 사랑이리라

[詩]

숨바꼭질

꼭꼭 숨어라 머리카락 보일라
그대는 눈부신 빛, 나는 고독한 그림자
그대의 따가운 시선 피해 숨어든 나는 마냥 수줍다
그대는 훤한 대낮, 나는 칠흑 같은 밤
스물네 시간 쉴 새 없이 서로를 찾고 더듬어도 우린 만날 수 없네
그대는 이글거리는 태양, 나는 차디차게 식어버린 달
그 머나먼 거리만큼 우린 한 발짝도 다가설 수 없네

꼭꼭 숨어라 머리카락 보일라
나는 사막 건너는 나그네, 그대는 오아시스 가장假裝한 신기루
그대 찾아 헤매다 탈진하여 쓰러진들 결코 포기할 수 없나니
나는 정처 없이 떠도는 순례자, 그대는 하늘녘 수놓는 오로라
그대 천국의 문 닿으려 안간힘 써도 끝내 도달할 수 없네
나는 앞만 보고 내달리는 한 마리 개미, 그대는 양면 연결된 뫼비우스 띠
억만 겁 돌고 돌아도 어느 한 세계에 속할 수 없는 혼돈뿐이라네.

2009/11/27/21:57

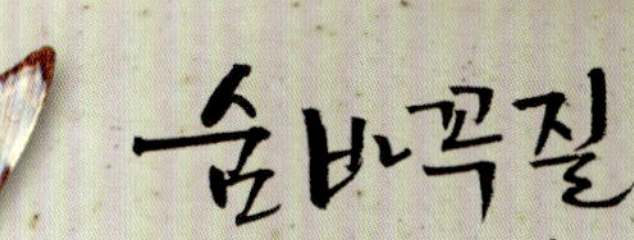

김영찬

꼭꼭 숨어라 머리카락 보일라
그대는 눈부신 빛, 나는 고독한 그림자
그대의 따가운 시선 피해 숨어든 나는 마냥 수줍다
그대는 훤한 대낮, 나는 칠흑 같은 밤
스물네 시간 쉴새 없이 서로를 찾고 더듬어도 우린 만날 수 없네
그대는 이글거리는 태양, 나는 차디차게 식어버린 달
그 머나먼 거리 만큼 우린 한발짝도 다가설 수 없네

꼭꼭 숨어라 머리카락 보일라
나는 사막 건너는 나그네, 그대는 오아시스 가장한 신기루
그대 찾아 헤매다 탈진하여 쓰러짐을 결코 포기할 수 없나니
나는 정처없이 떠도는 순례자, 그대는 하늘녘 수놓는 오로라
그대 천국의 문 닮으려 안간힘 써도 끝내 도달할 수 없네
나는 앞만 보고 내달리는 한마리 개미.
그대는 양면 연결된 뫼비우스 띠
억만겁 돌고 돌아도 어느 한 세계에 속할 수 없는
혼돈뿐이라네.

沙浦

[詩]

추우 秋雨

해도 이미 저문 어둠속 아스팔트 길을
질주하는 저 차량들의 빗물에 부대끼어 질척이는 소리
붉게 드리워진 시그널 불빛들
그 음울한 소리만큼이나 그 흐릿한 불빛만큼이나
내 속 깊은 곳엔 차가운 습기를 가득 머금고 있다
형태를 알 수 없이 바스러뜨리며 나불거리는 저 빗줄기
그 점점이 따가운 칼날이 되어
감정感情을 난도亂刀한다 이성理性을 도륙刀戮한다

2막4장의 연극이 끝나 진한 화장으로 치장한 배우들이
퇴장하고 조명마저 꺼져버린 썰렁한
무대 위에 소리 없이 맴도는 관객들이 흘린 박수소리
아직도 들리는듯 그들이 흘린 웃음과 슬픔과 탄식과 함성이
차라리 한줌 피어오르다 사그라진 연기 같구나
차라리 한줌 허공 향해 내지르다 제풀에 지친 한숨 같구나
도무지 그칠 것 같지 않은 이 가을비 마지막 배차시간에 쫓겨
시내버스 종점에 들어선 버스 속 취객의 넋두리 같구나.

2002/10/18/19:51:18

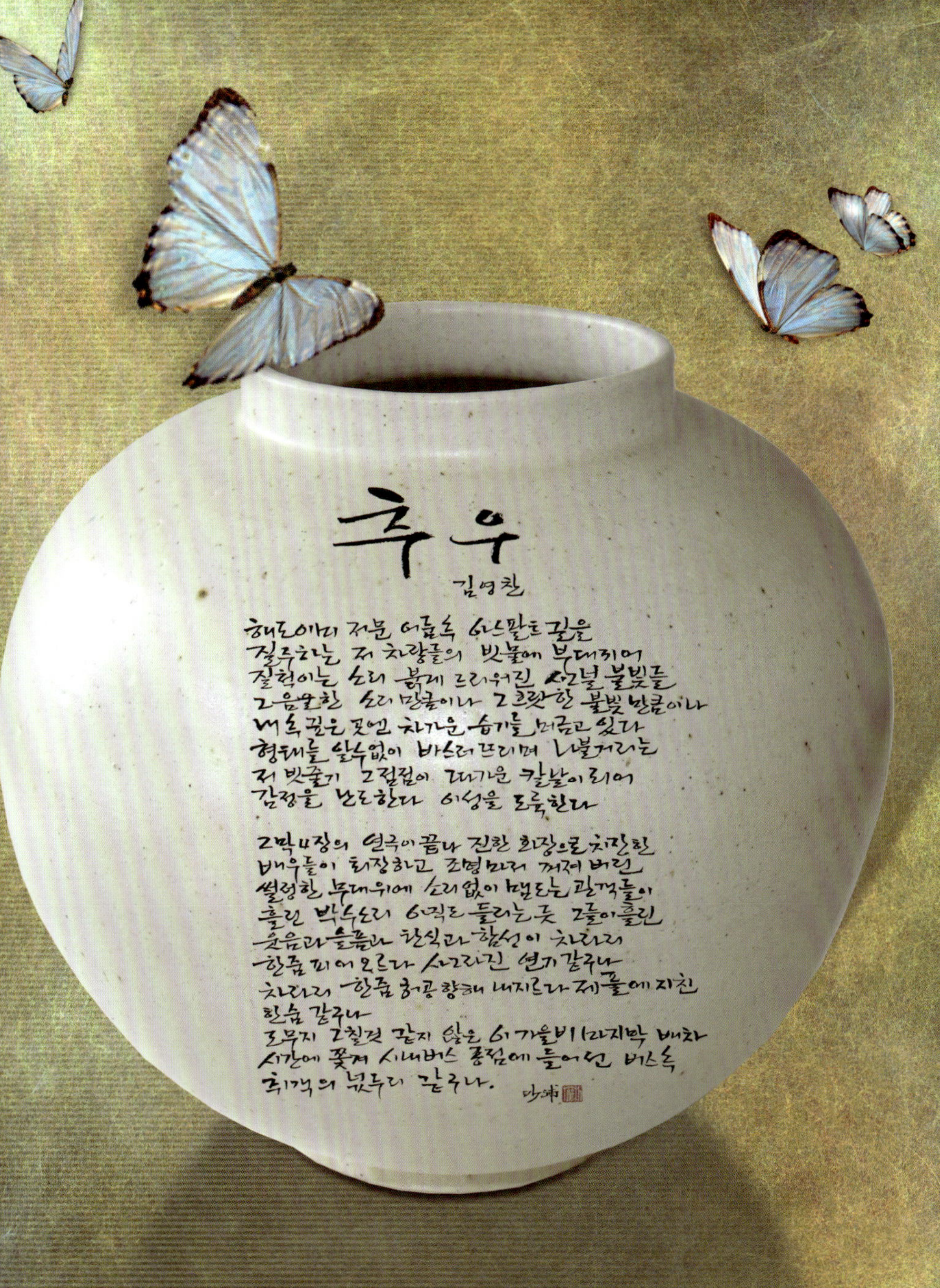
추우
김영찬
해도 이미 저문 어둠속 아스팔트 길을
질주하는 저 차량들의 빗물에 부대끼어
철컥이는 소리 붉게 드리워진 시그널 불빛들
그 음울한 소리 만큼이나 그 흐릿한 불빛 만큼이나
내 속 깊은 곳엔 차가운 습기를 머금고 있다
형체를 알수없이 바스러뜨리며 나불거리는
저 빗줄기 그 절절이 따가운 칼날이 되어
감정을 난도한다 이성을 도륙한다
2막 4장의 연극이 끝나 진한 화장으로 치장한
배우들이 퇴장하고 조명마저 꺼져 버린
썰렁한 무대위에 소리없이 맴도는 관객들이
흘린 박수소리 아직도 들리는 듯 그들이 흘린
웃음과 슬픔과 탄식과 함성이 차라리
한줌 피어 오르다 사그라진 연기 같구나
차라리 한줌 허공 향해 내지르다 제풀에 지친
한숨 같구나
도무지 그칠것 같지 않은 이 가을비 마지막 배차
시간에 쫓겨 시내버스 종점에 들어선 버스속
취객의 넋두리 같구나.

[詩]

침묵 沈默

분명 너는 너의 그 좁은 가슴속 켜켜이 쌓인 할 말들
무던히 삭히고 있겠지
너의 굳게 닫힌 입술이 무엇을 의미하는지 난 내 손가락의
각질 진 상처만큼이나 잘 알고 있지
우린 서로에게 가까이 다가가지 않으려할수록 서로에 대한
안타까움 안고 저마다 가슴속 저 한 켠
쓰디쓴 눈물 쌓고 있겠지

우린 서로 충분히 이해하면서도 굳이 서로
애써 부정하려고 하지
우린 서로에게 겨누는 잔인한 칼끝이 결국 자신에게 상처가
되어 돌아올 줄 뻔히 알면서도
부질없이 서로에게 상처 주려하지
내가 너의 눈을 굳이 마주보지 않는다 해도 또한 네가 나의
눈을 굳이 마주보지 않는다 해도 우린 느낌으로 서로가
무엇을 말하려하는지 잘 알고 있지

분명 너의 가슴속에 쌓여있는 수많은 응어리들이 나로 인한
골 깊은 감정들로 뭉쳐진 것을 나로 인한 침묵으로 굳어진 것을
난 내 손가락의 각질 진 상처만큼이나 잘 알고 있지.

2002/11/02/22:40

침묵

김영찬

분명 너는 너의 그 좁은 가슴속 켜켜이 쌓인 할 말들
무던히 삭히고 있겠지
너의 굳게 닫힌 입술이 무엇을 의미하는지
난 내 손가락의 각질진 상처 만큼이나 잘 알고 있지
우린 서로에게 가까이 다가가지 않으려고 할수록
서로에 대한 안타까움 안고 저마다 가슴속 저 한켠
쓰디쓴 눈물 쌓고 있겠지

우린 서로 충분히 이해하면서도 굳이 서로에게
부정하려고 하지
우린 서로에게 겨누는 잔인한 칼끝이 결국 자신에게
상처가 되어 돌아올 줄 뻔히 알면서도
부질없이 서로에게 상처주려 하지
내가 너의 눈을 굳이 마주 보지 않는다 해도 또한 네가
나의 눈을 굳이 마주 보지 않는다 해도 우린 느낌으로
서로가 무엇을 말하려 하는지 잘 알고 있지

분명 너의 가슴속에 쌓여 있는 수많은 응어리들이 나로
인한 골깊은 감정들로 뭉쳐진 것을 나로 인한 침묵으로
굳어진 것을 난 내 손가락의 각질진 상처 만큼이나
잘 알고 있지.

沙浦

[詩]

팽이

팽이는 박달나무가 최고라 했지 단단하기로는
서슬 퍼런 낫으로도 좀처럼 깎이지 않아 몇 번인가
헛손질에 상처자국만 남는 팽이 깎기에 온종일
시간 가는 줄 모르고 둥근 가지
적당히 잘라내어 돌려가며 비스듬히 깎다보면 고만고만한
시선들이 둘러앉아 하루해 짧은 줄 모르고 군침을 삼키지

팽이는 균형이 잘 잡혀야 잘 돈다고 했지 빙글빙글
돌려가며 눈으로 가늠해보고 어느 쪽으로 둘러보아도
쪼매만 어긋나도 안 된다 했지 윗면은
평편하고 둥글게 파들어간 옆면은 저 옆집 순실이 엉덩이처럼
살집이 도톰하니 보기도 좋아 고만고만한 손가락들이
다퉈가며 어루만지려 하지

팽이는 팽글팽글 멈춘 듯 돌아야 한다고 했지 밑 부리에
자전거 베어링에서 뽑아낸 작은 쇠구슬 박고 새색시인 양
알록달록 단장 끝내고 한뼘 대나무마디 잘라내어
가늘고 길게 여러 가닥으로 가죽허리띠 갈라 매듭진 채찍으로
쉴 새 없이 어르고 달래야 고만고만한
탄성이 어우러지지

동네아이들 식전부터 몰려들어 저마다
팽이를 돌려대는데 팽팽팽팽 팽글팽글 팽글팽글
잘만 돌아가지 임금이가 설 식모 살다
애 배갖고 왜 돌아왔는지 깔깔이네 큰 아들네미 까목소에
왜 들어갔는지 팽이처럼 돌고 돌아봐야 알 수 있다고
오늘도 고만고만한 아이들이 지칠 줄 모르지.

2004/05/30/19:47

팽이

길영찬

팽이는 박달나무가 최고라 했지 단단하기로는
서슬퍼런 낫으로도 좀처럼 깎이지 않아 몇 번인가
헛손질에 상처자국만 남는 팽이 깎기에 온종일 시간
가는 줄 모르고 둥근 가지 적당히 잘라내어 돌려가며
비스듬히 깎다보면 고만고만한 시선들이 둘러앉아
하루해 짧은줄 모르고 군침을 삼키지

팽이는 균형이 잘 잡혀야 잘 돈다고 했지 빙글빙글
돌려가며 눈으로 가늠해 보고 어느쪽으로 돌려보아도
쪼매만 어긋나도 안된다 했지 윗면은 평평하고
둥글게 파들어간 옆면은 저 옆집 순실이 엉덩이처럼
살짝이 도톰하니 보기도 좋아 고만고만한 손가락들이 다퉈가며
어루만지려 하지

팽이는 팽글팽글 춤추듯 돌아야 한다고 했지 밑부리에
자전거 베어링에서 뽑아낸 작은 쇠구슬 박고 새색시인양
알록달록 단장 끝내고 한뼘 대나무 마디 잘라내어 가늘고
질게 여러 가닥으로 가죽 허리띠 잘라 매듭진 채찍으로
쉴새없이 어르고 달래야 고만고만한 탄성이 어우러지지

동네아이들 식전부터 불러들여 저마다 팽이를 돌려대는데
팽팽 팽팽 팽글팽글 팽글팽글 잘만 돌아가지
일곱이가 설 쇠도 살다 애 배갖고 왜 돌아왔는지 깔깔이네
큰아들네미 까똑손에 왜 들어갔는지 팽이처럼 돌고
돌아봐야 알수 있다고 오늘도 고만고만한 아이들이
지칠줄 모르지.

沙浦

[詩]

편지 便紙

탁상위에 펼쳐놓은
빛바랜 편지들
하나하나 인양引揚된 고대古代 보물인양
지나온 세월만큼 고풍스럽고
알알이 새겨진 말알의 이력 더듬는다

퇴적층 화석처럼
굳어버린 밀어蜜語들
사각사각 한순간 기적처럼 재생하여 꿈틀거리면
온갖 사연에 얽힌 그 님들 옛 모습
일일이 떠올려 다시금 망막網膜에 심는다

전설傳說로 묻혀버린
까마득한 옛 추억들
새록새록 지면紙面위로 다투듯 고개 내밀 때
어즈버 그 옛날이 마냥 그립다
줄줄이 떠오르는 그 숱한 인연들 사무치게 그립다.

2009/09/28/18:42

편지

김영찬

책상위에 펼쳐 놓은
빛바랜 편지들
하나 하나 인양된 고대 보물인양
지나온 세월 만큼 고풍스럽고
알알이 새겨진 말 알의 이력 더듬는다

퇴적층 화석처럼
굳어버린 밀어들
사각사각 한순간 기억처럼 재생하여 꿈틀거리면
온갖 사연에 얽힌 그 님들 옛모습
일일이 떠올려 다시금 망막에 싣는다

전설로 묻혀버린
까마득한 옛 추억들
새록 새록 지면위로 다투듯 고개 내밀때
어쩌버 그 옛날이 마냥 그립다
줄줄이 떠오르는 그 숱한 인연들 사무치게 그립다.

만浦

[詩]

해안海岸

우르르르 육지로 몰려든 바다의 손들이
저마다 대패와 톱과 쇠망치 들고
육지를 조각한다
하얀 살점들이 포말泡沫에 갇히고
드러난 내장이 붉게 녹아들면
깎여나간 단애斷崖는 순결 짓밟힌 처녀처럼 절규하고
실성하여 속곳을 까뒤집는다
시루떡 같은 층암層巖은 바다 향해 아부하다
된통 물벼락 맞고 기절하여 납작하니 엎뎌있고
기라성 같은 기암괴석 저 홀로 고고함 드러내려하지만
철썩 내지른 물따귀에 머쓱하게 물러난다
천만겁 억만겁 바다의 손들에 의해
깎이고 깎여지고 또 깎여져서
마침내 비너스 목덜미 같은 해안선이 만들어졌나보다

바다의 손들은 태고로부터 유전자처럼 이어온 솜씨로
언제나 쉼없이 육지를 조각한다
그래서 육지는 늘 새로운 해안海岸을 선보이는가보다.

2010/01/26/06:00

해안

김영찬

우르르 육지로 몰려든 바다의 손들이
저마다 그레와 톱과 쇠망치 들고
육지를 조각한다
하얀 살점들이 포말에 갇히고
드러난 내장이 붉게 녹아들면
깎여나간 단애는 순결 짓밟힌 처녀처럼 절규하고
실성하여 속곳을 까뒤집는다
시루떡 같은 층암은 바다 향해 아부한다
된통 물벼락 맞고 기절하여 납작하니 쓸려 있고
기사성 같은 기암괴석 저홀로 고고함 드러내려 하지만
철썩 내지른 물따귀에 머쓱하게 물러난다
천만겁 억만겁 바다의 손들에 의해
깎이고 깎여지고 또 깎여져서
마침내 비너스 목덜미 같은 해안선이 만들어졌나보다

바다의 손들은 태고로부터 유전자처럼 이어온 솜씨로
언제나 쉼없이 육지를 조각한다
그래서 육지는 늘 새로운 해안을 선보이는가 보다.

[詩]

행복한 미소

안녕!
행복한 미소
나는 오늘 행복한 미소 띠며 그대 대하리
가슴 짓누르는 불안한 마음도
어디고 하소연할 데 없는 울적한 마음도
공연히 안절부절 심란한 마음도
애써 감추고, 그리고 안녕 행복한 미소

지름길이라 여겨 내닫던 골목길
막다른 골목길에 마주한 파란 대문
되돌아선 뒤통수에 쏟아지는 행복한 미소
정류장에 정차중인 96번 시내버스
한눈에 봐도 내가 타야할 버스라 쫓아갔건만
약 오르게 은근슬쩍 내빼는 버스 뒤꽁무니의 행복한 미소
백일장 시제에 맞춰 장원 따놓은 당상이라며 일필휘지
장원은커녕 차상차하 그 어디에도 이름 석 자 보이지 않네
근엄한 심사위원들 얼굴에 걸린 행복한 미소

굳어진 얼굴근육 씰룩씰룩 누그러뜨리고
찌푸려진 인상 타타타타 두드려 펴고
간밤의 질펀한 악몽을 떨쳐내듯 하하호호 기분을 추스르고
행복이란 퍼즐조각들 찾아 미소란 그림 짜맞추곤
난 오늘 한 조각만큼이나 작아진 행복한 미소로 그대 대하리.

2009/11/26/19:19

행복한 미소

김영천

안녕!
행복한 미소
나는 오늘 행복한 미소띠며 그대 대하리
가슴 짓누르는 불안한 마음도
어디고 하소연할 데 없는 울적한 마음도
공연히 안절부절 심란한 마음도
애써 감추고, 그리고 안녕 행복한 미소

지름길이라 여겨 내달린 골목길
막다른 골목길에 마주한 파란대문
뒤돌아선 뒤통수에 쏟아지는 행복한 미소
정류장에 정차중인 96번 시내버스
한눈에 봐도 내가 타야 할 버스라 쫓아갔건만
약오르게 은근슬쩍 내빼는 버스 뒤꽁무니의 행복한 미소
백일장 시제에 맞추어 장원 따 놓은 당상이라며 일필휘지
장원은커녕 차상 차하 그 어디에도 이름석자 보이지 않네
근엄한 심사위원들 얼굴에 걸린 행복한 미소

굳어진 얼굴 근육 씰룩 씰룩 누그러뜨리고
찌푸려진 인상 하하하하 두드려 펴고
간밤의 질펀한 악몽 떨쳐내듯 하하호호 기분 추스리고
행복이란 퍼즐조각들 찾아 미소란 그림 짜 맞추곤
난 오늘 한 조각 만큼이나 작아진 행복한 미소로 그대 대하리.

沙浦

[詩]

황소

남들 지붕은 슬레이트다 기와다 슬래브다 하루가 다르게 바뀌지만
언제나 야트막한 초가지붕에 안방 윗방 삼십촉 전구 하나로 모두 밝히는
그 지지리궁상 벗어나려 남의 집 귀신된 지 열여덟 해만에
무리해서 백육십만원 주고 사들인 누런 송아지 한 마리
얼마나 감격에 겨웠던지 숭실네 수년 전 여읜 지아비만큼 눈물겹기를
어언 태산처럼 우람하고도 훤칠한 장부丈夫되었구나
그 험한 농사일 마다않는 앞마당 단감나무 아래 외양간 황소
그 하는 짓이 하도 가여워 새벽부터 득달같이 내닫아 꼴베러 다니랴
저녁마다 매운 연기 눈비비며 쇠죽 끓이랴 똥줄이 탄다

오늘도 해거름 이르도록 땅굴 같은 어둔 골방에 홀로 갇혀
갸르릉 갸르릉 가래 끓는 소리 뱉으며 시름에 잠겨있던 숭실네
미국산쇠고기니 뉴질랜드산쇠고기니 캐나다산쇠고기니 뭐니 뭐니
지천에 널린 게 수입쇠고기라지만 한우값이 갯값이라 마냥 서럽다
집안살림 대들보라 떠받들어온 황소 가격 잘 받아야 육백만원
훌쩍 뛰어오른 숭실이 대학등록금 턱없이 못 미치지만
그래도 듬직한 황소 엉덩이 어루만지며 깊은 시름 달래고
저만치 달려오고 있을 한 점 혈육 숭실이 생각에
흐릿한 눈망울로 긴 밭고랑 너머 아릿한 길 기웃기웃 살핀다.

2010/01/22/07:10

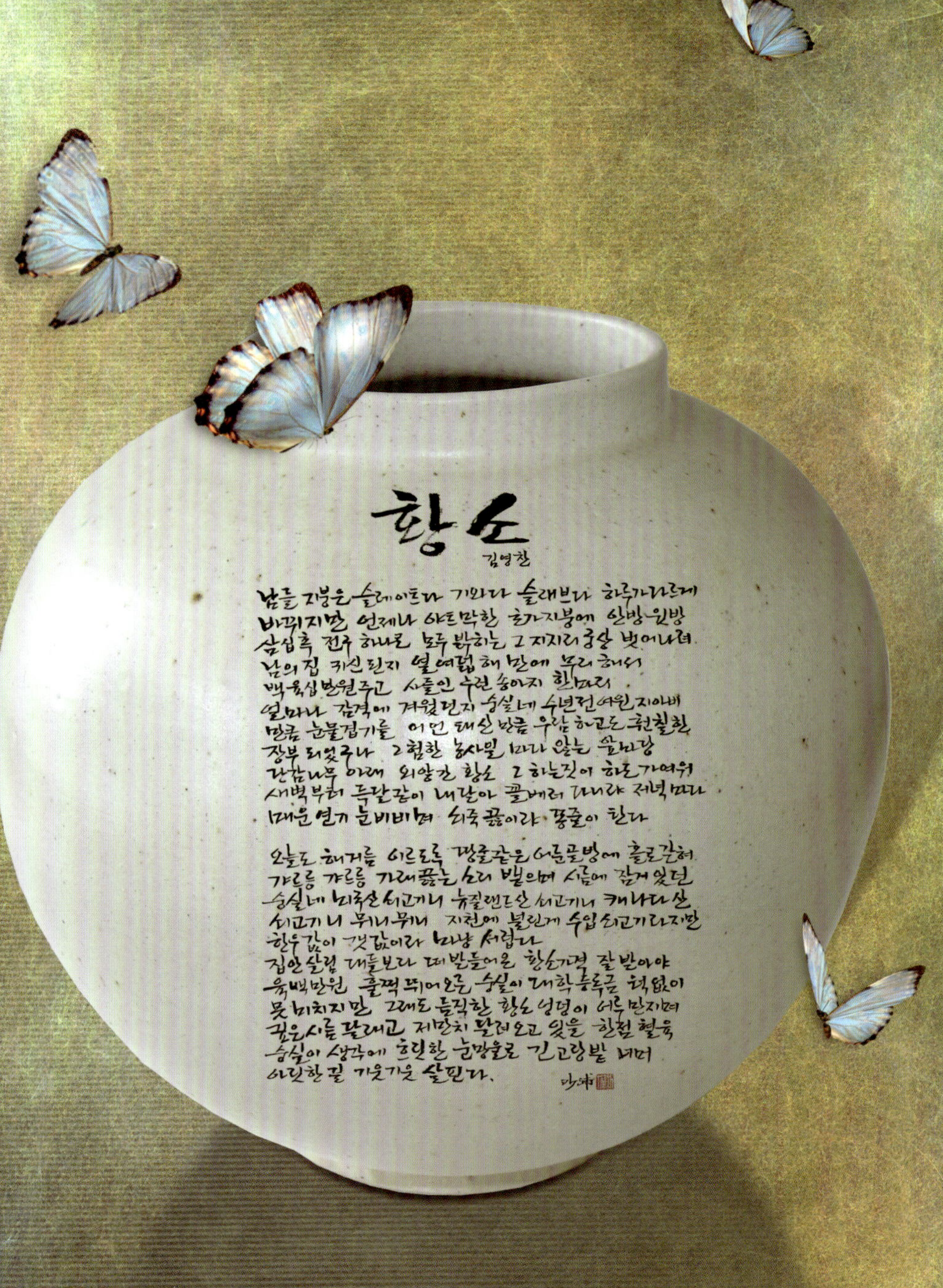
황소
김영찬
남들 지붕은 슬레이트다 기와다 슬래브다 하루가 다르게
바뀌지만 언제나 야트막한 초가지붕에 안방 윗방
삼십촉 전구 하나로 모두 밝히는 그 지지리 궁상 벗어나려
남의 집 귀신 된지 열여덟 해 만에 무리해서
백육십만원 주고 사들인 수컷 송아지 한마리
얼마나 감격에 겨웠던지 숭실네 수년전 여읜 지아비
만큼 눈물겹기를 어떤 태산만큼 우람하고도 훤칠한
장부 되었구나 그 험한 농사일 마다 않는 솔바당
감나무 아래 외양간 황소 그 하는 짓이 하도 가여워
새벽부터 들말같이 내달아 꼴 베러 다니랴 저녁마다
매운 연기 눈 비비며 쇠죽 끓이랴 똥줄이 탄다
오늘도 해거름 이르도록 땅굴같은 어둔 골방에 홀로 갇혀
갸르릉 갸르릉 가래 끓는 소리 뱉으며 시름에 잠겨 있던
숭실네 미국산 쇠고기니 뉴질랜드산 쇠고기니 캐나다산
쇠고기니 뭐니뭐니 지천에 널린게 수입 쇠고기라지만
한우값이 개값이라 마냥 서럽다
집안 살림 대들보다 떠받들어온 황소가격 잘 받아야
육백만원 훌쩍 뛰어오른 숭실이 대학 등록금 턱없이
못 미치지만 그래도 든직한 황소 잔등이 어루만지며
굵은 시름 달래고 저만치 달려오고 있을 한철 혈육
숭실이 생각에 흐릿한 눈망울로 긴 고랑밭 너머
아련한 길 기웃기웃 살핀다.

[詩]

힘 겨루기

누군가 그랬다, 삼라만상의 균형은 힘 겨루기에서 비롯된다고
노쇠한 것들은 팔팔한 것들에 의해 밀려나고
팔팔한 것들 역시 저거들끼리 밀고 밀리고
패한 것들은 절망스럽고 참혹하고 사라져야할 운명이라고
승한 것들은 희열에 들뜨고 영광스럽고 모든 것이
새로운 시작이라고, 이 상반된 갈림을 운명이라 하기엔
패자들은 피 토하는 절규로 승자들은 우쭐하는 도취로
누군가 그랬다, 삼라만상의 균형은 힘 겨루기로 유지된다고

현명한 어버이는 자식이 안타깝다
세상이 온통 헤집고 나가야할 흙구덩이인 것을, 스스로
흙탕물을 뒤집어쓰고 닮은 꼴을 흙구덩이 속에 처박아야
그를 딛고 하늘 향해 우뚝 설 수 있다는 것을
현명한 어버이는 자식이 눈물겹다
세상이 지옥이고 그 안의 모든 것들이 악귀인들
살아남으려면 필시 누군가의 영혼을 갉아야한다는 것을
그 또한 어떤 어버이의 눈물인 것을…….

2004/08/14

힘 겨루기

길영찬

누군가 그랬다. 삼라만상의 균형은 힘겨루기에서
비롯된다고 노쇠한 것들은 팔팔한 것들에 의해
밀려나고 팔팔한 것들 역시 저희들끼리 밀고 밀리고
패한 것들은 절망스럽고 참혹하고 사라져야 할
운명이라고 승한 것들은 희열에 들뜨고 영광스럽고
모든 것이 새로운 시작이라고, 이 상반된 갈림을
운명이라 하기엔 패자들은 피토하는 절규로
승자들은 우쭐하는 도취로 누군가 그랬다. 삼라만상의
균형은 힘겨루기로 유지된다고

현명한 어버이는 자식이 안타깝다
세상이 온통 헤집고 나가야 할 흙구덩이인 것을,
스스로 흙탕물을 뒤집어 쓰고 닮은꼴을 흙구덩이 속에
처박아야 그를 딛고 하늘 향해 우뚝 설 수 있다는 것을
현명한 어버이는 자식이 눈물겹다
세상이 지옥이고 그 안의 모든 것들이 악귀인들
살아남으려면 필시 누군가의 영혼을 갉아야
한다는 것을 그 또한 어떤 어버이의 눈물인 것을…

[時調]

계란을 삶으며

등산용 은빛 코펠 절반쯤 물을 붓고
막소금 간간하게 술술술 저어넣고
둥근게 알토란같은 계란 한판 삶는다

어릴 적 봄소풍 때 서너 알 삶은 계란
사과와 김밥 몇 줄 그걸로 신이 났었네
입안에 저절로 도는 군침 그게 여간 아니라네

티 한점 없기로는 흰자위 같을 손가
황금빛 노른자위 혀끝에 살살 녹네
뱃속 그득 찰 때까지 쉬지 않고 냠냠냠.

2009/11/10/02:44

계란을 삶으며

김영찬

등산용 은빛코펠 절반쯤 물을 붓고
맛소금 간간하게 술술술 풀어 넣고
둥글게 알토란같은 계란한판 삶는다

어릴적 봄소풍때 서너알 삶은 계란
사과와 김밥 몇줄 그걸로 신이 났었네
입안에 저절로 도는 군침 그게 여간 아니라네

티 한점 없기로는 흰자위 같을손가
황금빛 노른자위 혀끝에 살살 녹네
뱃속 그득 찰때까지 쉬지않고 냠냠냠.

[時調]

국화菊花

무심한 바람결에 묻혀온 속삭임은
은근한 추파秋波인가 노골적인 유혹인가
눈 감고 숨죽인 다음 귀 기울여 엿듣는다

희디흰 백색 화관 촘촘히 둘렀구나
고결한 처녀성에 은근히 끌리는 너
애절한 네 눈빛만큼 내 애간장도 녹았어

황금빛 둥근 음혈淫穴 쿰쿰한 페로몬 향
반금련潘金蓮 꼬리치듯 간단없이 유혹하니
얼씨구 부둥켜안고 온몸으로 사정射精하리.

2009/09/20

국화

김영찬

무심한 바람결에 묻혀온 속삭임은
은근한 추파인가 노골적인 유혹인가
눈감고 숨죽인 다음 귀 기울여 엿듣는다

희디흰 백색화관 촘촘히 둘렀구나
고결한 처녀성에 은근히 끌리는 너
애절한 네 눈빛 만큼 내 애간장도 녹았어

황금빛 둥근 음혈 큼큼한 페로몬 향
방금전 꼬리치듯 간단없이 유혹하니
얼씨구 부둥켜 안고 온몸으로 사랑하리

[時調]

금낭화 錦囊花

수줍음 그득 담은 진분홍 새색시 방
새하얀 비단커튼 황금빛 원앙금침
나는야 시집 간다네 얼굴 붉힌 금낭화

긴긴 밤 지샜기로 새신랑 기별 없네
촉촉한 가슴속엔 별빛만 가득한데
외롭고 마냥 서럽다 흐느끼는 금낭화

하세월 기다리랴 가슴엔 큰 응어리
혼자서 애태우다 조각난 붉은 여심
막연한 기다림 때매 지쳐버린 금낭화

2009/09/02

금낭화

김영찬

수줍음 그득담은 진분홍 새색시 방
새하얀 비단커튼 황금빛 원앙금침
나는야 시집간다네 얼굴붉힌 금낭화

긴긴밤 지샜기로 새신랑 기별없네
촉촉한 가슴속엔 별빛만 가득한데
외롭고 마냥 서럽다 흐느끼는 금낭화

한세월 기다리랴 가슴엔 큰응어리
혼자서 애태우다 조각난 붉은여심
막연한 기다림 때때 지쳐버린 금낭화

[時調]

길路

아득한 옛날부터 마을길 열렸어도
이제는 그제처럼 오가는 사람 없어
허공虛空에 치뜬 달마저 외면하고 가노라

자갈길 꾸불꾸불 산등성 넘었어도
그리던 그 님마저 찾을 길 묘연杳然하니
왔던 길 되짚어가길 서러움에 겨워라

꿈인가 생시인가 생생한 내 님 모습
둥실한 그 행색行色이 반갑기 그지없어
사립문 내닫고보니 새벽녘이 밝았네.

2009/12/27/11:33

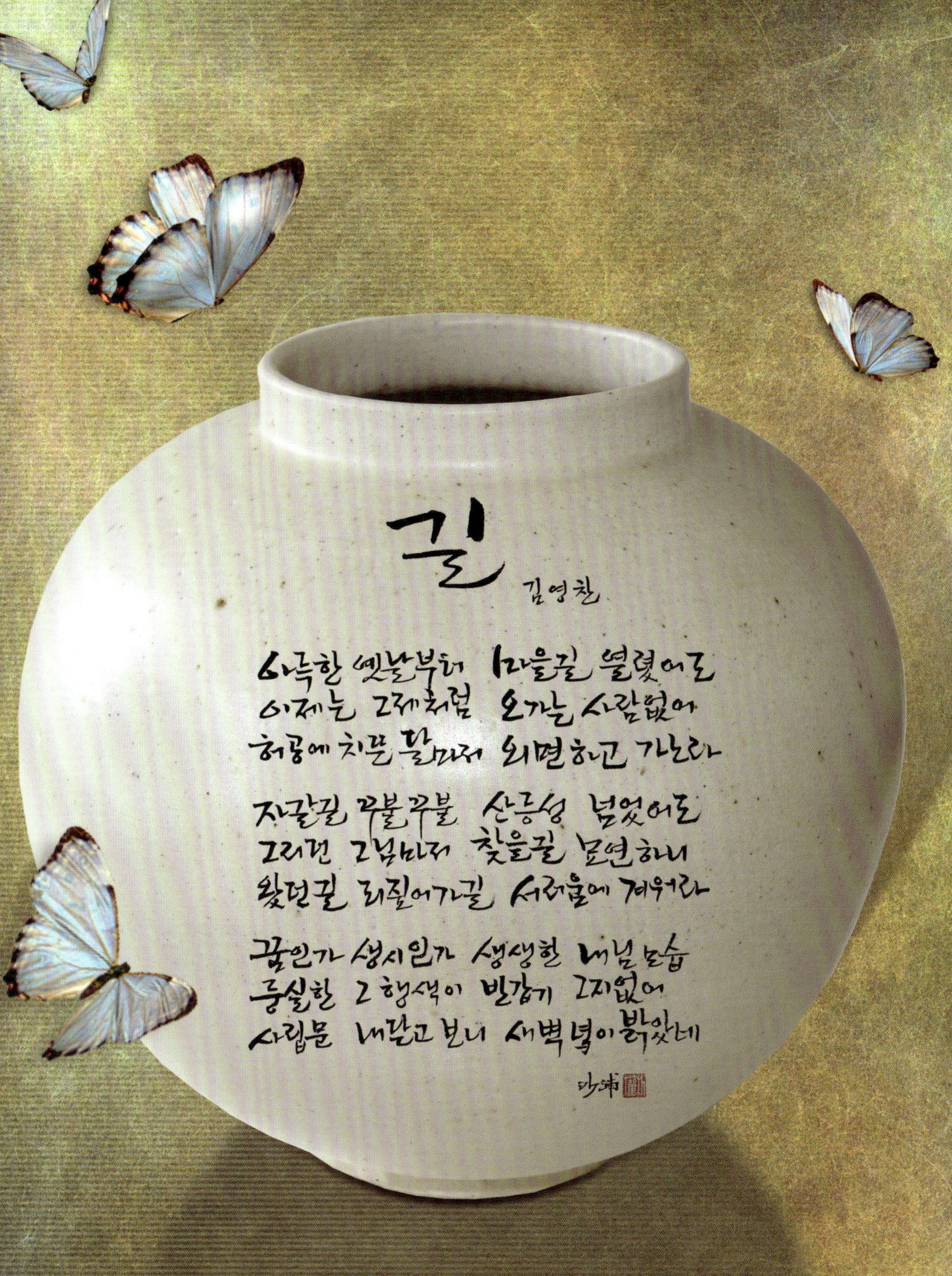
길
김영찬
아득한 옛날부터 마을길 열렸어도
이제는 그제처럼 오가는 사람없어
허공에 치뜬 팔마저 외면하고 가노라
자갈길 구불구불 산등성 넘었어도
그리던 그님마저 찾을길 묘연하니
왔던길 되짚어가길 서러움에 겨워라
꿈인가 생시인가 생생한 내님모습
둥실한 그 행색이 반갑기 그지없어
사립문 내닫고 보니 새벽녘이 밝았네

[時調]

낙조落照

지는 해 붉은 노을 불타는 산천초목山川草木
무심히 날아가는 서녘 천天 기러기 떼
인생人生의 뒤안길 좇는 고즈넉한 숨소리

하나 둘 속절없이 제 갈길 가는구나
지난날 돌이키면 눈물만 솟구친다
가슴속 깊이 각인刻印된 젊은 날의 아픔들

어즈버 서산西山마루 뒤끓는 백팔번뇌百八煩惱
지은 죄 고해告解바칠 거룩한 의식儀式이여
내 인생人生 마지막 길목 지켜줄 이 그 누군가

2009/12/21/20:56

낙조

김영찬

지는 해 붉은 노을 불타는 산천초목
무심히 날아가는 서녘 천(天) 기러기 떼
인생의 뒤안길 쫓는 고즈넉한 숨소리

하나 둘 속절없이 제 갈 길 가는구나
지난날 돌이키면 눈물만 솟구친다
가슴속 깊이 각인된 젊은 날의 아픔들

어스름 서산마루 드리우는 백팔번뇌
지우리 고해 바칠 거룩한 의식이여
내 인생 마지막 길목 지켜줄 이 그 누군가

[時調]

메리 크리스마스

만물의 창조주요 지엄한 절대신絶對神이
만백성 구하고자 독생자獨生子 보내셨네
구유에 누워계신 자 그리스도 예수라

고요한 한밤중에 흰 눈이 세상 덮고
성당의 종소리가 은은히 퍼질 때면
선잠 든 어린아이들 싼타할아버지 꿈꾸네

슬픔도 노여움도 좌절도 증오심도
거룩한 희생 앞에 겸허히 내던지고
뜻 깊은 크리스마스 환희 속에 맞으라.

2009/12/25/06:28

메리크리스마스

김영찬

만물의 창조주요 지엄한 절대신이
만 백성 구하고자 독생자 보내셨네
구유에 누워계신 자 그리스도 예수라

고요한 한밤중에 흰눈이 세상덮고
성당의 종소리가 은은히 퍼질때면
선잠든 어린아이들 싼타할아버지 꿈꾸네

슬픔도 노여움도 좌절도 증오심도
거룩한 희생앞에 겸허히 내던지고
뜻깊은 크리스마스 환희속에 묻으라

[時調]

무궁화 無窮花

삼천리 방방곡곡 무궁화 피었구나
한민족 겨레의 꽃 무궁화 섬겼으니
고귀한 무궁화꽃이 그득그득 피었네

끈질긴 생명력과 수명 긴 꽃봉오리
장구한 역사 속에 일깨운 민족정기
죽음을 불사른 절개 일편단심 충절로

첩첩한 금수강산 알뜰히 수 놓았네
그 이름 무궁화라 영원히 번성할까
오천년 이어온 역사 끊김 없이 이어가리.

2009/12/29/11:33

무궁화

김영찬

삼천리 방방곡곡 무궁화 피었구나
한 민족 겨레의 꽃 무궁화 섬겼으니
고귀한 무궁화 꽃이 그득그득 피었네

끈질긴 생명력과 수명긴 꽃봉오리
장구한 역사속에 일깨운 민족정기
죽음을 불사른 절개 일편단심 충절로

첩첩한 금수강산 알뜰히 수 놓았네
그 이름 무궁화라 영원히 번성할까
오천년 이어온 역사 끊김없이 이어가리

[時調]

비엔씨B&C에 가면

남포동 이면골목 오층짜리 붉은 건물
부산시釜山市 삼대三大 명과名菓 비엔씨B&C 자리잡고
배불뚝이 파티쉐Pâtissier 어서옵셔 반기네

오십五十여 제빵공들 무지개빛 꿈을 좇아
촌각을 다퉈가며 손놀림 분주하다
강력분 반죽속으로 녹아드는 숱한 사연

바게트 치즈퐁듀 몽블랑 파네토네
이름도 그럴싸한 빵 종류 수백 가지
천만인 입맛 따라 그 맛 또한 가지가지

분할하고 둥굴리며 새 혼불 불어넣고
모양내고 부풀리며 새 형상 창조하네
오늘도 젊은 영혼들 치성올리듯 공들인다.

2015/07/20/20:44

비엔씨(B&C)에 가면

김영찬

남포동 이면골목 오층짜리 붉은 건물
부산시 삼대 명과 비엔씨 자리잡고
배불뚝이 파티쉐 어서옵셔 반기네

오십여 제빵공들 무지개빛 꿈을 쫓아
촌각을 다투어가며 손놀림 분주하다
강력분 반죽속으로 녹아드는 숱한 사연

바게트 치즈퐁듀 몽블랑 파네토네
이름도 그럴싸한 빵 종류 수백가지
천만인 입맛따라 그 맛 또한 가지가지

분할하고 둥굴리며 새혼불 불어넣고
모양내고 부풀리며 새형상 창조하네
오늘도 젊은 영혼들 치성 올리듯 공들인다

[時調]

산사山寺

가파른 오솔길 좇아
첩첩산중 휘휘 도니
앞서거니 뒤서거니 청설모 따라붙고
산새들 우짖는 소리
벽공碧空 너머 잦아든다

땀방울 훑어가며
걸음걸음 재촉하니
이리튀고 저리튀는 풀벌레 난무亂舞한다
억 만번 허물 벗어야
인간으로 환생還生할까

태고의 적막인가
깊은 산사 풍경소리
덕德을 잃고 악惡만 쌓는 철없는 중생衆生들아
청아한 염불소리가
극락정토極樂淨土 일깨운다.

2011/05/15/12:20

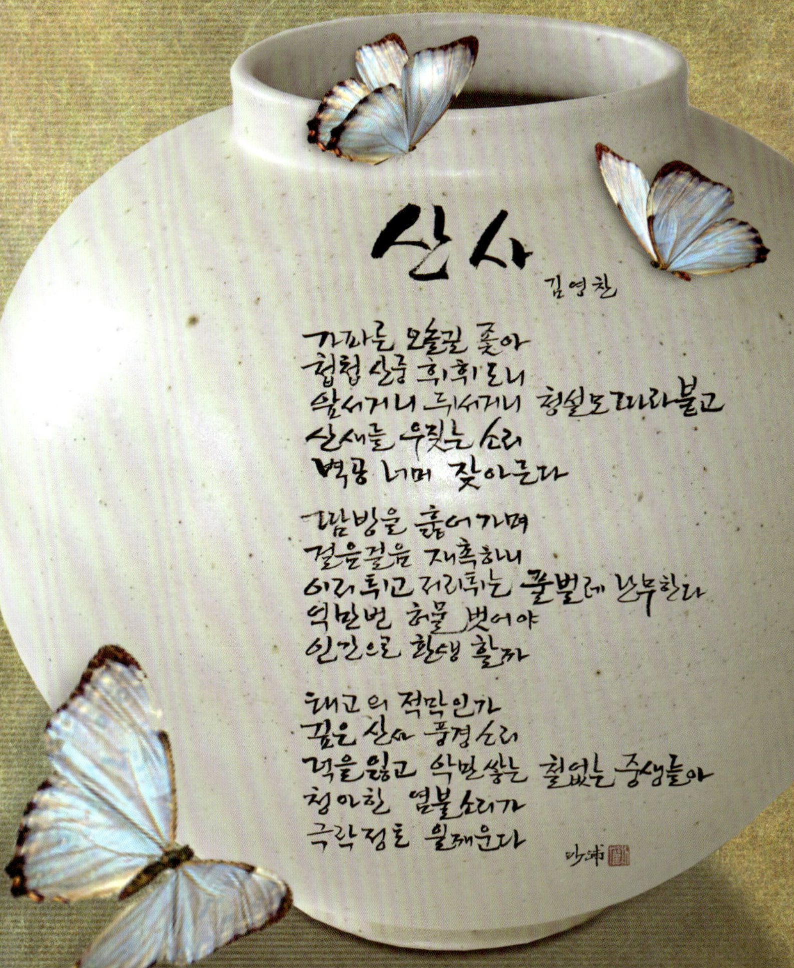
산사
김영찬
가파른 오솔길 좇아
첩첩 산중 휘휘 도니
앞서거니 뒤서거니 청설모 따라붙고
산새들 우짖는 소리
벽공 너머 잦아든다
탐방을 훑어가며
걸음걸음 재촉하니
이리 뛰고 저리 뛰는 풀벌레 난무한다
억만번 허물 벗어야
인간으로 환생 할까
태고의 적막인가
깊은 산사 풍경소리
덕을 잃고 악만 쌓는 철없는 중생들아
청아한 염불소리가
극락정토 일깨운다

[時調]

시조時調란 모름지기

시조란 모름지기 정형률定型律 따진다네
초중初中은 3434 종終에선 3543
글자 수 잘못 맞추면 아무것도 아니라네

시조란 모름지기 절제節制된 표현이네
자구字句도 3장章6구句 45자字 내외일세
그 안에 담고자하는 그 모든 걸 담아야지

시조란 모름지기 한민족 혼이라네
평시조 연시조 외 엇시조 사설시조
우리네 고달픈 인생 시조로써 달래리라.

2009/11/10/02:44

時調란 모름지기

김영찬

시조란 모름지기 정형률 따진다네
초중은 3434 종에선 3543
글자수 잘못 맞추면 아무것도 아니라네

시조란 모름지기 절제된 표현이네
자수도 3장 6구 45자 내외일세
그 안에 담고자 하는 그 모든 걸 담아야지

시조란 모름지기 한민족 혼이라네
평시조 연시조 외 엇시조 사설시조
우리네 고달픈 인생 시조로써 달래리라

[時調]

시조時調를 짓다

온라인 워드 문서
한글 도큐 펼쳐놓고
옛 선조 시절가조時節歌調
어설피 흉내 내어
초·중·종 3장章6구句45자字
평시조를 짓는다

컴퓨터 키보드로
한 자 한 자 찍어내 듯
옛 감흥 들춰내어
자구字句 수 짜맞추니
어즈버 억지 춘향이
가소롭다 여겨지네

온라인 마감시간
한 시간여 남겨놓고
초조한 심정으로
시조 한 수 완성하니
오호라 시조 짓기가
예사롭지 않구나.

2009/09/20

시조를 짓다

김영찬

온라인 워드문서
한글 도큐 펼쳐놓고
옛 선조 시절가조
어설피 흉내내어
초중종 3장 6구 45자
평시조를 짓는다

컴퓨터 키보드로
한자 한자 찍어 내듯
옛 감흥 들춰 내어
자구수 짜 맞추니
어즈버 억지 춘향이
가소롭다 여겨지네

온라인 마감시간
한시간여 남겨 놓고
초조한 심정으로
시조 한 수 완성하니
오호라 시조 짓기가
예사롭지 않구나

[時調]

심술도 그 지경이면

네일건Nail-Gun 틀어쥐고
신중히 조준하여
멀쩡한 애완동물 이마빡 대못 박길
심술도 그 지경이면 악마마저 '기죽어!'

삽자루 치켜들어
머리통 내리치고
몽둥이 휘둘러서 갈비뼈 토막 내길
심술도 그 지경이면 악마에겐 '할배요!'

술취해 비틀대며
발길질 거침없고
고양이 베란다 밑 내던져 죽게 하니
심술도 그 지경이면 악마 모두 '나 없다!'

2010/08/15/19:09

심술도 그지경이면

김영찬

네일건 틀어쥐고
신중히 조준하여
멀쩡한 애먼 동물 이마빡 대못 박길
심술도 그지경이면 악마마저 '기죽어!'

삽자루 치켜들어
머리통 내리치고
뭉둥이 휘둘러서 갈비뼈 홈박내길
심술도 그지경이면 악마에겐 '할배요!'

술취해 비틀대며
발길질 거침없고
고양이 베란다 밑 내던져 죽게하니
심술도 그지경이면 악마 모두 '나 없다!'

[時調]

일월애 一月愛

묵은 해 감추려고 하얀 눈 천지 덮고
차디찬 하얀 성에 곳곳에 피었구나
밝은 해 축복하려고 세상만물 비추네

고요한 동틀무렵 까치떼 날아들고
밥 짓는 하얀 연기 구릉丘陵에 퍼져 갈쯤
오마던 반가운 손님 까치발로 반기네

아이야 두두둥실 새 날이 밝았단다
간밤의 시린 꿈은 아랫목 묻어놓고
빙판길 썰매 짓치며 앞다투어 달리자.

2010/01/18/13:54

일월애

김영찬

묵은해 감추려고 하얀눈 천지덮고
차디찬 하얀 성에 곳곳에 피었구나
밝은해 축복하려고 세상만물 비추네

고요한 동틀무렵 까치떼 날아들고
밥짓는 하얀연기 구름에 퍼져갈쯤
오마던 반가운 손님 까치발로 반기네

아이야 두두둥실 새날이 밝았단다
간밤의 시린 꿈은 아랫목 묻어놓고
빙판길 썰매 지치며 앞다투어 달리자

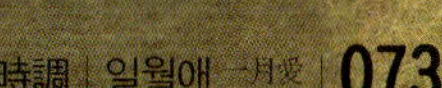

[時調]

시월애 十月愛

시월은 툇마루로 날아든 낙엽처럼
초로初老의 고즈넉한 인생을 닮아있다
정열情熱과 화려함으로 가증스레 포장包裝한

너른 들 황금물결 풍요를 구가謳歌하나
가슴의 스산함은 메울 길 전무全無하고
구성진 풀벌레소리 남의 애를 긁는다

해질녘 짙은 노을 무리진 기러기 떼
훠얼훨 잘도 나네 가는 곳 어드메냐
마음도 덩달아 가네 끝닿은데 도솔천兜率天

※ 도솔천(兜率天) : 불교에서 얘기하는
욕계(欲界)의 육욕천(六欲天) 중에 네 번째 하늘.
수미산 꼭대기에서 12만 유순 되는 곳에 있고 내외 두 원으로 되었는데,
외원은 천중의 환락처이고 내원은 미륵보살의 정토라 한다.

2009/10/26/20:50

시월애

김영찬

시월은 툇마루로 불어온 낙엽처럼
흙벽의 고즈넉한 인생을 닮아 있다
정열과 화려함으로 가증스레 포장한

너울들 황금물결 풍요를 구가하나
가슴의 스산함은 메울 길 전무하고
구성진 풀벌레소리 님의 애를 끊는다

해질녘 짙은 놀을 무리진 기러기 떼
훠얼훨 잘도 나네 가는 곳 어디메냐
마음도 덩달아 가네 끝 닿은 데 도솔천

[時調]

십일월애 十一月愛

추우秋雨가 고즈넉이 긋고 간 저녁 무렵
그 찬비 고스란히 덮어써 살 떨리고
휘감긴 물먹은 속옷 번뇌煩惱인양 괴롭네

사랑과 그리움과 미움과 증오마저
바람결 나뒹구는 낙엽과 뒤섞이어
가을 끝 해거름 질 녘 어디론가 훠얼훨

어즈버 지나온 날 돌이켜 무엇하랴
소슬蕭瑟한 늦가을 밤 오롯이 맞다보면
의식은 저 홀로 떠나 무념무상無念無想 두둥실

2009/11/07/22:43

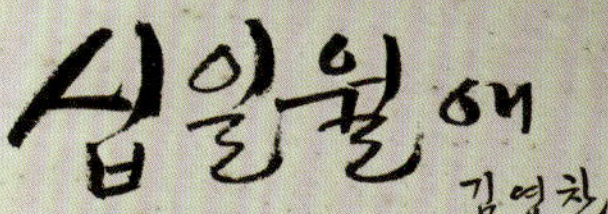

김영찬

추우(秋雨)가 고즈넉이 긋고 간 저녁 무렵
그 찬비 고스란이 젖어서 살 떨리고
휘감긴 물빛은 속옷 번뇌인양 괴롭네

사랑과 그리움과 미움과 증오마저
바람결 나뒹구는 낙엽과 뒤섞이어
가을끝 해거름 질녘 어디론가 훠얼훨

어즈버 지나온 날 돌이켜 무엇하랴
스산한 늦가을 밤 오롯이 맞다보면
의식은 저 홀로 떠나 무념무상 두둥실

[時調]

십이월애 十二月愛

칼바람 윙윙대는 앙상한 나뭇가지
오가는 사람마다 옷깃을 추스르고
빙벽에 스며든 추위 동장군冬將軍이 납신다

영혼들 부유浮遊하는 해질녘 붉은 노을
찬서리 대지 덮고 살얼음 살판났네
잦아든 태고太古의 숨결 소리 없는 아우성

마지막 한 장 남은 캘린더 바라보며
열한 장 뜯겨나간 지난 날 떠올리네
가는 해 잡을 수 없길 한탄恨歎한들 어찌하리.

2009/12/14/18:43

십이월애

김영찬

칼바람 윙윙대는 앙상한 나뭇가지
오가는 사람마다 옷깃을 추수르고
빙벽에 스며든 추위 동장군이 납신다

영혼을 부유하는 해질녘 붉은 노을
찬서리 내지펄고 살얼음 살길 낳네
잦아든 태고의 숨결 소리 없는 아우성

마지막 한 장 남은 캘린더 바라보며
열한장 뜯겨나간 지난날 그려올리네
가는해 잡을수 없길 한탄한들 어찌하리

다浦

[時調]

을숙도 乙淑島 단상 斷想

칠백리 굽이쳐서 낙동강 당도한 곳
몰운대 다대포만 줄줄이 천하절경
세계적 철새도래지 환상의 섬 을숙도

광활한 하늘 바다 하나로 맞닿은 곳
풍요와 평화로움 젖어든 금빛물결
해 저문 낙동강하구 희귀새들 잠든다

수평선 어슴푸레 미명이 밝아오고
수면을 가득 메운 새소리 들려오면
나, 또한 저어새되어 갈대밭에 숨노라.

2009/09/02

을숙도 단상

김영찬

칠백리 굽이쳐서 낙동강 당도한 곳
물운대 다대포만 줄줄이 천하절경
세계적 철새도래지 환상의 섬 을숙도

광활한 하늘바다 하나로 빛닿은 곳
풍요와 평화로움 젖어든 금빛물결
해저문 낙동강 하구 희귀 새들 잠든다

수평선 어슴푸레 미명이 밝아오고
수면을 가득 메운 새소리 들려오면
나, 또한 저어새 되어 갈대밭에 숨노라

[時調]

인동초 忍冬草

척박한 동토凍土에서 생명의 싹 틔우고
향기를 뿜어내는 강인한 생명력은
후광後廣의 생전모습을 빼어나게 닮았네

다섯 번 죽을 고비 버텨온 인고세월忍苦歲月
일대기 파란만장 견뎌낸 삶의 질곡桎梏
차디찬 얼음장 깨고 피어오른 한 떨기

특유의 천진난만 어눌한 달변으로
잔혹한 독재권력 맞서온 민주투사
천만겁千萬劫 풍상風霜 헤쳐온 영영세세永永歲歲 인동초

2009/09/02

인동초

김영찬

척박한 凍土에서 생명의 싹 틔우고
향기를 뿜어내는 강인한 생명력은
後廣의 생전모습을 빼어나게 닮았네

다섯번 죽을고비 벼텨온 인고세월
쉴새기 파란만장 견뎌낸 삶의질곡
차디찬 얼음장깨고 피어오를 한떨기

특유의 천진 난만 서늘한 필법으로
잔혹한 독재권력 맞서온 민주투사
천만겁 풍상헤쳐온 영영세세 인동초

[時調]

적요寂寥

태초에 누군가의 외침이 있었기에
적막감 이다지도 깊은 줄 알았으리
수억겁 쌓이고 쌓인 숨막히는 시공간時空間

싸늘한 웃음소리 차디찬 얼굴 표정
어디를 둘러봐도 흔적은 간데없네
블랙홀 그 검은 수렁 바닥모를 심연深淵속

한 치도 빈틈없는 영겁의 무아지경無我之境
그 어떤 울림조차 철저히 용납 않네
팽팽한 긴장감 속에 터득되는 깨달음

2010/01/20/22:10

적요

김영찬

태초에 누군가의 외침이 있었기에
적막감 이다지도 깊은줄 알았으리
수억겁 쌓이고 쌓인 숨막히는 시공간

싸늘한 웃음소리 차디찬 얼굴표정
어디를 둘러봐도 흔적은 간데없네
블랙홀 그 검은수렁 바닥모를 심연속

한치도 빈틈없는 영겁의 무아지경
그 어떤 울림조차 철저히 용납않네
팽팽한 긴장감 속에 허락되는 깨달음

[時調]

조화 造花

참으로 아름답다 천상의 꽃이런가
색색이 조화롭다 티 없이 고운 자태
어쩌면 넌, 성형미인成形美人 빼다 박듯 닮았구나

촉촉한 이슬마저 꽃잎에 맺혀있고
예쁘고 황홀하기 비할 데 없겠으나
어쩐지 네 온기溫氣 없는 깊은 속살 애닯구나

고운 님 고운 자태 비단결 섬섬옥수
때깔은 완벽하나 혼불은 간데없네
천만번 거듭 태어나 박제미인剝製美人 면하리.

2010/01/17/21:52

조화

김영찬

참으로 아름답다 천상의 꽃이련가
색색이 조화롭다 티없이 고운자태
어쩌면 넌, 성형미인 빼다박듯 닮았구나

촉촉한 이슬마저 꽃잎에 맺혀있고
예쁘고 황홀하기 비할데 없겠으나
어쩌면 네 온기 없는 깊은속살 애닯다

고운님 고운자태 비단결 섬섬옥수
그때깔은 완벽하나 혼불은 간데없네
천만번 거듭태어나 박제미인 면하리

다浦

[時調]

추우 秋雨

가을비 추적추적 빈 가슴 적셔오고
아련한 기억記憶속의 내 님을 떠올리네
님 또한 지금 이 순간 가을비를 그릴까

주르륵 주르르륵 끝없이 내리는 비
저 빗물 낙수落水되어 알알이 흩어지네
방울 속 내 님의 모습 안타깝게 슬프다

가을비 내 가슴속 거세게 때려다오
비애悲哀도 그리움도 빗물에 쓸려가게
지난날 돌이켜본들 가슴속엔 회한悔恨뿐.

2009/11/09/01:35

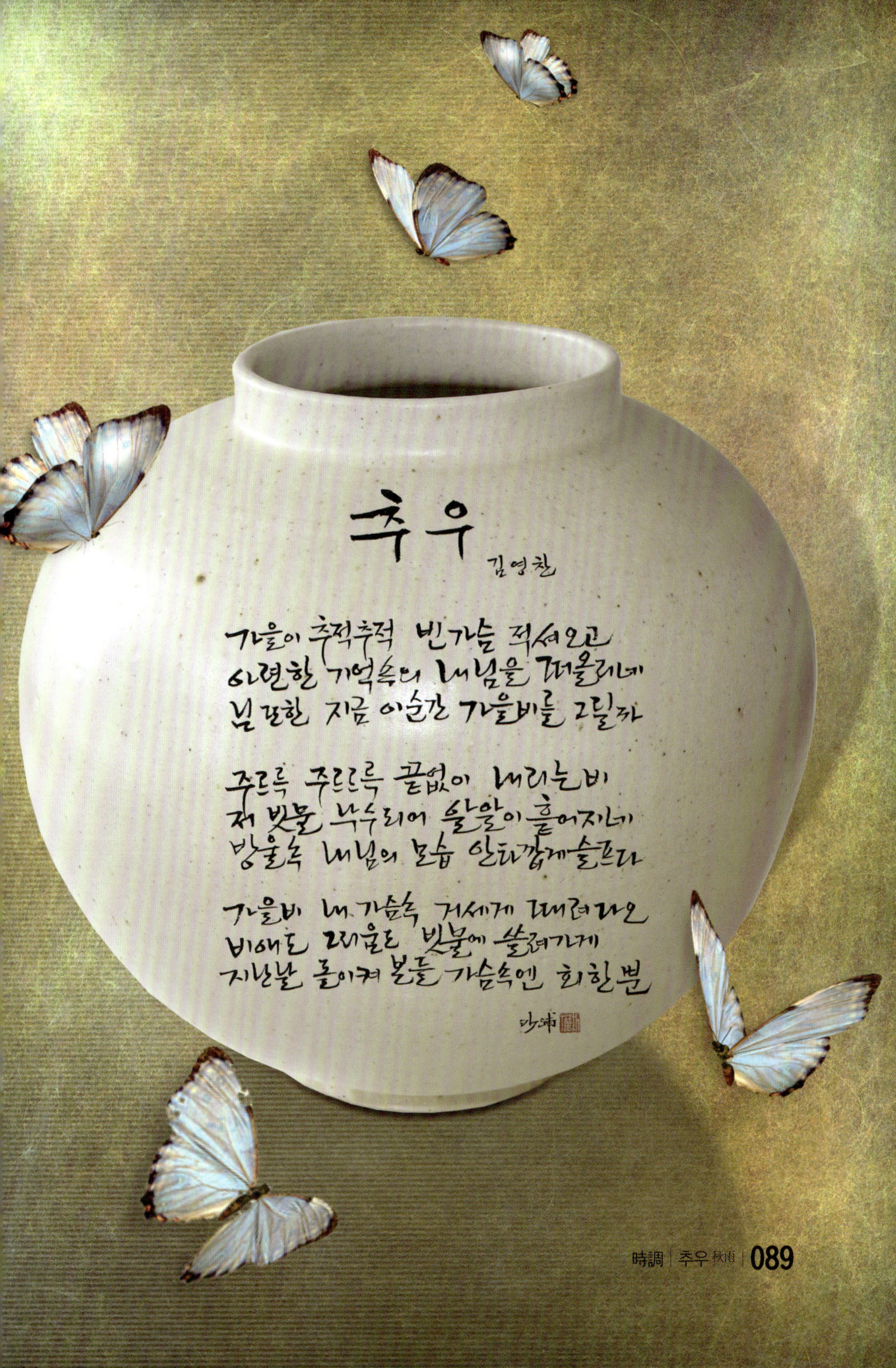
추우
김영찬
가을이 추적추적 빈 가슴 적셔오고
아련한 기억속의 내님을 떠올리네
님 포함 지금 이순간 가을비를 그릴까
주르륵 주르르륵 끝없이 내리는 비
저 빗물 낙수되어 알알이 흩어지네
방울속 내님의 모습 안타깝게 슬프다
가을비 내 가슴속 거세게 때려다오
비애도 그리움도 빗물에 쓸려가게
지난날 돌이켜 본들 가슴속엔 회한뿐

[時調]

축제 祝祭

1 수줍게 이끌린 채
축제마당
뛰어든다
더덩실 춤을 춘다
너울너울 맴돌면서
환희와 눈부신 함성
내가 있고 네가 있고

2 휘모리 장단 맞춰
흥겹게 놀아보자
가면을
덮어쓰고
덩실덩실
춤을 추자
면경에 비친 허울이
슬프도록 가련하다

3 휘황한 불꽃놀이
펄럭이는 앰블렘들
손에 손 마주잡고
힘차게 굴러보자
모두가 피에로 되어
하늘 높이
두둥실…….

2009/09/20

김영찬

수줍게 이끌린 채
축제 마당 뛰어든다
더덩실 춤을 춘다
너울 너울 맴돌면서
환희와 눈부신 함성
내가 있고 네가 있고

휘모리 장단 맞춰
흥겹게 놀아보자
가면을 덮어쓰고
덩실 덩실 춤을 추자
면경에 비친 허물이
슬프도록 가련하다

휘황한 불꽃놀이
펄럭이는 앰블렘들
손에 손 마주 잡고
힘차게 굴려보자
모두가 피에로 되어
하늘 높이 두둥실

단아

[時調]

국화 菊花

무심한 바람결에 묻혀온 속삭임은
은근한 추파 秋波 인가 노골적인 유혹인가
눈 감고 숨죽인 다음 귀기울여 엿듣는다

희디흰 백색화관 촘촘히 둘렀구나
고결한 처녀성에 은근히 끌리는 너
애절한 네 눈빛만큼 내 애간장도 녹았어

황금빛 둥근 음혈 淫穴 쿰쿰한 페로몬 향
반금련 潘金蓮 꼬리치듯 간단없이 유혹하니
얼씨구 부둥켜안고 온몸으로 사정 射精 하리

2009/09/20

무심한 바람결에
묻혀온 속삭임은
은근한 추파 秋波 인가 노골적인 유혹인가
눈감고 숨죽인 다음 귀 기울여 엿듣는다

희디흰 백색화관
촘촘히 둘렀구나
고결한 처녀성에 은근히 끌리는 너
애절한 네 눈빛만큼 내 애간장도 녹았어

황금빛 둥근 음혈 淫穴
촉촉한 페로몬 향
반금련 潘金蓮 꼬리치듯 간단없이 유혹하니
얼씨구 부둥켜안고 온몸으로 사정 射精 하리

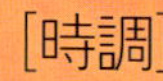

금낭화 錦囊花

수줍음 그득 담은 진분홍 새색시 방
새하얀 비단커튼 황금빛 원앙금침
나는야 시집 간다네 얼굴 붉힌 금낭화

긴긴 밤 지샜기로 새신랑 기별 없네
촉촉한 가슴속엔 별빛만 가득한데
외롭고 마냥 서럽다 흐느끼는 금낭화

하세월 기다리랴 가슴엔 큰 응어리
혼자서 애태우다 조각난 붉은 여심
막연한 기다림 때매 지쳐버린 금낭화

2009/09/02

캘리그라피 : 박윤규

수줍음 가득 담은 진분홍 새색시 방
새하얀 비단 커튼 황금빛 원앙금침
나들이 시집간다네 얼굴 붉힌 금낭화

긴긴 밤 지새기도 새신랑 기별 없네
촉촉한 가슴속엔 별빛만 가득한데
외롭고 마냥 서럽다 흐느끼는 금낭화

하세월 기다리다 가슴엔 큰 응어리
혼자서 애태우다 조각난 붉은 여심
막연한 기다림 때매 지쳐버린 금낭화

은유시인 김영찬 金永燦
도예시화집 [第1集]
달항아리에 새겨진 詩心 시심

초판인쇄 2021년 05월 10일

지은이 은유시인 김영찬(金永燦)
주소 48729 / 부산광역시 동구 중앙대로 308번길 7-3 / 부산인쇄조합 3층
휴대폰 010-3593-7131
이메일 sahachanchan@hanmail.net

발행인 김영찬(金永燦)
디자인 월간 「부산문학」 디자인팀 / 데코·브레인

기획·발행처 도서출판 한국인
출판·인쇄처 도서출판 부산문학
등록번호 제2019-000001호
주소 부산광역시 동구 중앙대로 308번길 7-3 / 주식회사 한국인
전화 (051)929-7131, 441-3515
팩스 (051)917-7131, 441-2493
홈페이지 http://www.busanmunhak.com
이메일 sahachan@naver.com
가격 18,000원
ISBN 978-89-94001-52-4(03800)